AF349769

LA CONVERSION

D'ANDRÉ PIZON DE BÉTOULAT

SIEUR DE LA PETITIÈRE.

CONTRIBUTION A L'HISTOIRE DE L'ABBAYE
DE PORT-ROYAL-DES-CHAMPS.

Lorsque Richelieu recueillit des mains de Louis XIII la succession embarrassée du connétable de Luynes, il fallait un certain courage pour accepter : par trois fois la France venait de changer de maître dans des circonstances assez tragiques pour donner à réfléchir au nouvel élu. Victimes d'un fanatisme religieux qu'avait sans doute exploité la politique espagnole, Henri III et Henri IV étaient successivement tombés sous les poignards de Jacques Clément et de Ravaillac ; encore l'attentat de la rue de la Ferronnerie, qui obtint un succès si funeste, avait-il été précédé en l'espace de seize ans de huit tentatives analogues avortées providentiellement[1] ; on sait aussi quel drame avait mis fin aux jours de Concini. Le cardinal n'ignorait pas courir les mêmes risques ; sa ligne de politique, hostile à la fois aux nobles, aux protestants, à la maison d'Autriche, ne pouvait que les augmenter, et le danger devait s'accroître encore du fait de la haine acharnée que lui vouèrent par la suite Marie de Médicis et Gaston : il suffit de rappeler parmi beaucoup d'autres des tentatives telles que celles de François Alpheston[2] et de Blaise Rouffet, dit Chava-

---

1. En voici la liste : 1° en 1584, le capitaine Michau ; 2° en 1589, Rougemont ; 3° en 1593, un laquais lorrain ; 4° la même année, Barrière ; 5° Jean Chastel en 1594 ; 6° Davennes en 1597 ; 7° en 1599, un Italien ; 8° en 1600, Nicolle Mignon. On trouvera des détails sur la plupart de ces complots dans les *Mémoires du cardinal de Richelieu* (éd. Michaud et Poujoulat, t. I, p. 22).

2. François Alpheston, natif de Châlons en Champagne, complota de tuer le cardinal en septembre 1633 à son arrivée dans la ville de Châlons. Posté

gnac[1], soudoyés par le P. Chanteloube, aumônier de la reine-mère, celle de Vendôme pour embaucher à titre de sicaires deux ermites de Saint-Front[2], celle enfin de ces treize conjurés[3] dont l'un d'eux trahit fort à propos le secret au confessionnal.

Ce n'était pas assez pour déjouer de semblables entreprises d'un service d'informations très habilement organisé, au personnel recruté dans tous les milieux, et peut-être de préférence dans le clergé. Pour parer à toute éventualité, le ministre jugea nécessaire, outre sa compagnie de gardes commandée par Saint-Georges, d'attacher à la protection constante de sa personne quelqu'un de sûr et de dévoué dont le caractère fut aussi bien trempé que la lame. Comme il s'y connaissait en hommes, il arrêta son choix sur André Pizon de Bétoulat, sieur de La Petitière.

« Monsieur de La Pitière[4] étoit un gentilhomme poitevin qui étoit la meilleure espéc de son temps. Il avoit tué en duel beaucoup de monde. Le cardinal de Richelieu l'aima beaucoup. Il couchoit dans sa chambre et il étoit en seureté plus que s'il y avoit eu un régiment à le garder. » Ainsi débute la seule note[5] qui puisse, avec les *Mémoires* de M. du Fossé[6], nous fournir quelques renseigne-

---

avec une arquebuse à la fenêtre d'une maison faisant vis-à-vis à celle que devait occuper Richelieu, il devait, le coup fait, s'enfuir par les jardins et portes de derrière qu'on refermerait après son passage, de façon à empêcher sa poursuite. Trahi par deux de ses complices, il fut condamné, par arrêt du Parlement de Metz du 23 septembre 1633, a être « rompu et brisé vif » sur la place du Champ-Passaille, en cette même ville (Bibl. nat., fonds Dupuy, vol. 381, fol. 141).

1. Blaise Rouffet, dit Chavagnac, natif de Bréville en Auvergne, condamné par arrêt du Parlement de Metz du 10 mai 1634 (*Ibid.*).

2. Frère Guillaume Poirier et frère Louis Allaix, ermites à Saint-Front, entre Gisors et Trye-Château (Oise, arr. de Beauvais), avaient été enfermés dans les prisons de Vendôme pour raison de quelque crime. Le duc de Vendôme fut les trouver et leur proposa la liberté, à condition qu'ils attenteraient à la vie du cardinal (déclaration faite à Rueil le 3 mars 1639 par Louis Allard, libraire-colporteur de livres, domicilié en l'île du Palais à Paris. Arch. du ministère des Aff. étr., fonds France, vol. 830, fol. 133).

3. R. Lavollée, le « *Secrétaire des Mémoires* » de *Richelieu*, dans *Revue des Études historiques*, n° de sept.-oct. 1904, p. 477.

4. Contraction pour « Petitière ». Il existe non loin du château de Richelieu, en Poitou, une localité de ce nom qui n'est peut-être autre que la seigneurie d'André de Bétoulat.

5. Cette note est collée sur le plat intérieur d'un volume faisant autrefois partie de la bibliothèque des Génovéfains, actuellement le n° 1499 (Df in-4°, 30) de la bibliothèque Sainte-Geneviève.

6. *Mémoires pour servir à l'histoire de Port-Royal par M. du Fossé*. Utrecht, aux dépens de la Compagnie, 1739, in-12.

ments sur le garde du corps du cardinal. Le lundi 17 mai 1700, au sortir d'une conversation qu'il avait eue après vêpres en la bibliothèque du couvent avec M. Poitevin, ancien ami de La Petitière, un Génovéfain curieux coucha par écrit ces brèves indications, sans même prendre la peine de les coordonner. Poitevin, c'est-à-dire compatriote du cardinal ; la meilleure épée de son temps (du Fossé dit ailleurs que « parmi les braves du siècle il passoit pour la meilleure espée de France »), étaient des conditions propres à faire réussir La Petitière dans sa nouvelle profession ; mais, duelliste acharné, conserverait-il longtemps la faveur de son maître ? On sait en quelle réprobation Richelieu, homme d'Église en même temps qu'homme d'État, tenait cette coutume impie et sanguinaire ; son frère préféré n'avait-il pas du reste été tué en duel en 1619 par le marquis de Thémines ? Il eût fallu que la manie de ferrailleur de La Petitière cédât devant la toute-puissance autoritaire du ministre, qui ne pouvait logiquement tolérer chez ses gens un exemple aussi pernicieux. Le mal vint de ce que, bretteur enragé, La Petitière fut en même temps un caractère aussi intraitable qu'énergique, aussi prompt à s'emporter que valeureux. Mais laissons parler du Fossé : « C'étoit, nous dit-il, un lion plutôt qu'un homme, le feu lui sortoit par les yeux et son seul regard effrayoit ceux qui le regardoient. » Et pourtant il semble que Richelieu, en faisant le cas que l'on sait, ait plusieurs fois fermé les yeux, bien que son garde du corps tirât l'épée pour des motifs assez futiles. « Un jour, entrant chez le roy, un garde luy releva son chapeau ; il lui parla en poitevin et lui dit qu'il étoit bien hardy de relever son chapel ; le landemain, il l'appella en duel et le tua roide mort[1]. »

Sa dernière rencontre[2] ne pouvait toutefois demeurer impunie ; il le savait, et néanmoins ne résista pas à son désir impétueux de vengeance. Le sort voulut qu'il se prît de querelle avec un propre parent du cardinal. Pendant plus de huit jours, il eut un cheval sellé pour aller se battre contre celui de qui il « croyoit » avoir été offensé. « La fureur qui le transportoit étoit telle qu'encores qu'il fut le plus habile et le plus adroit du royaume, il reçut lui-même, après avoir blessé à mort son ennemi, un coup d'épée dans le bras entre les deux os, où la pointe demeura enfoncée sans qu'il put jamais la retirer. Il se sauva en cet état à travers champs, portant dans son bras le bout de l'épée rompue, et alla trouver un maréchal, qui eut besoin pour la tirer de se servir des grosses tenailles de sa forge[3]. »

Peut-être Richelieu eût-il une fois de plus pardonné ? La Petitière

---

1. Note du ms. de Sainte-Geneviève précitée.
2. Elle eut lieu en 1642.
3. Du Fossé, *op. cit.*

préféra ne point risquer l'aventure ; à dater de ce moment, la cour n'entendit plus parler de lui. « Il se retira et se cacha, » nous dit du Fossé, et cette première retraite forcée devait être le point de départ d'un adieu volontaire et définitif au siècle et d'une longue vie de solitude librement consentie : l'heure était proche où la Grâce allait opérer une conversion nouvelle.

En 1643 parut à Paris, chez le libraire Antoine Vitré, un livre intitulé : *De la fréquente communion, où les sentiments des Pères, des Papes et des Conciles touchant l'usage des sacrements de Pénitence et d'Eucharistie sont fidèlement exposés par M. Antoine Arnauld.* Quatre nouvelles éditions en moins de deux ans nous sont une preuve suffisante du légitime succès de l'ouvrage : aussi n'est-il pas surprenant qu'il soit tombé entre les mains de La Petitière ou que quelque âme bien intentionnée le lui ait communiqué. Quoi qu'il en soit, le témoignage de la note du manuscrit de Sainte-Geneviève est formel : La Petitière « *fut touché* de Dieu par la lecture de la *Fréquente Communion* ». Le cardinal était mort l'année précédente ; La Petitière n'avait plus à craindre d'être inquiété : il s'en fut tout droit chez le grand Arnaud [1]. « Comme M. Arnauld ne vouloit pas diriger, il l'addressa à Monsieur de Saint-Cyran, qui lui conseilla d'aller aprendre dans la rue des Arcis [2] le mestier de cordonnier, en sorte qu'il partoit tous les jours au matin de chez M. des Touches avec un morceau de pain bis sous le bras et passoit toute la journée chez son maistre à apprendre son mestier et faisant ce qu'un apprentif est obligé de faire, comme d'aller querir le vin des garçons et autres choses semblables [3]. » Jusqu'à ce qu'il fût expert en son métier, La Petitière demeura dans cette situation de domesticité, se complaisant, bel exemple de chrétien abaissement, à vaincre son caractère superbe et intraitable par les petites humiliations de chaque jour. Alors, se sentant moins indigne, heureux de pouvoir rendre service, il se retira, comme l'on disait, au Port-Royal-des-Champs [4] et

---

1. C'est probablement à cette époque que La Petitière fit un premier séjour d'assez courte durée à Port-Royal (*Histoire de Port-Royal. Vies intéressantes...*, t. IV, p. 117).

2. La rue des Arsis (quartier de la Grève) tenait d'un bout aux coins des rues de la Verrerie et des Lombards, vis-à-vis la rue Saint-Martin, et de l'autre aux coins des rues Jehan-Pain-Mollet et des Écrivains, vis-à-vis la rue Planchemibrai.

3. Note du ms. de Sainte-Geneviève plus haut citée. D'après l'historien des *Vies intéressantes*, La Petitière « tenoit en règle les garçons et les enfans, les menoit aux offices de l'église et leur lisoit l'Évangile et la Vie des saints ».

4. En 1648. Son maître eut beau lui offrir de gros gages pour le garder, il préféra se réfugier aux Champs.

consacra le temps que lui laissaient la prière et la méditation à faire des souliers pour les religieuses. Ses chaussures, au reste, n'étaient pas pour les délicats : elles étaient « de bon cuir, mais très grossières pour la façon », au dire de M. Poitevin, qui fut l'un de ses clients laïques.

Il est un épisode du séjour de La Petitière à Port-Royal auquel on peut juger de la complète transformation de l'ancien batteur d'estrade ; on a vraiment peine à le reconnaître sous ces nouveaux dehors d'évangélique patience, et l'on s'étonne qu'il ait su conquérir jusqu'à cette bienheureuse simplicité d'esprit, qui est l'un des plus sûrs gages de salut. C'était à l'époque des guerres de la Fronde ; les routes étaient infestées de rôdeurs escomptant quelque aubaine de la frayeur des passants. La Petitière cheminait, absorbé dans ses méditations, menant par la bride au moulin voisin un âne chargé de sacs de blé, quand trois malandrins l'entourèrent et exigèrent avec menaces qu'il leur abandonnât l'animal et son chargement. Ils eussent eu affaire à forte partie si le bon solitaire n'eût cru de son devoir de chrétien de ne faire aucune résistance. Il rentre donc à Port-Royal, fier sans doute de cette nouvelle défaite du « vieil homme » et d'avoir si bien mis en action la morale du Christ ; mais, éclairé sur la naïveté de son procédé, tout penaud et bouillant de réparer son erreur, il se munit à la hâte d'un solide gourdin, rejoint en hâte ses trois larrons, et, retrouvant son ancienne vigueur, leur administre une magistrale correction. Ce n'est pas tout : rentré en possession du bien de la communauté, il les sermonne avec douceur, les exhorte à une vie plus honnête et accompagne le congé qu'il leur délivre d'une aumône généreuse. Du Fossé, dont c'est là le récit, semble avoir été moins bien renseigné que le fils d'un habitant de Port-Royal, dont le père prétendait avoir été témoin de l'aventure[1]. Voici cette seconde version, plus précise et plus vraisemblable. C'est en revenant du marché de Chevreuse, où il avait fait emplette de deux « très beaux cuirs », que La Petitière, passant par l'endroit connu sous le nom de « Trou-d'Enfer[2] », se serait laissé bénévolement dévaliser par quatre soldats. Comme il faisait peu d'honneur au dîner et semblait triste et préoccupé, ayant des doutes et des scrupules, les autres solitaires le confessèrent et le détrompèrent. La Petitière monte alors dans sa cellule, prend son épée et s'en va faire l'inspection des tavernes et cabarets du bourg de Chevreuse ; assez heureux pour découvrir ses voleurs attablés dans un bouge, il s'embusque à la sortie du bourg, et, leur ayant donné une sérieuse leçon, revient à Port-Royal, ses deux cuirs sous le bras.

1. *Histoire de Port-Royal. Vies intéressantes*, *op. cit.*
2. Le Trou-d'Enfer, Seine-et-Oise, comm. de Marly-le-Roi.

Ce trait de caractère donnerait peut-être à penser qu'André de Bétoulat ne jouissait que d'une médiocre intellectualité. En juger de la sorte serait errer grossièrement. Il rendit à Port-Royal plusieurs services qui demandaient de réelles qualités d'esprit en même temps que de cœur. Ces « Messieurs » étaient plus versés dans les subtilités de la controverse, plus habiles dans l'art délicat du jardinage qu'entendus aux choses de la guerre. La Petitière mit très habilement l'abbaye en état de défense pendant la guerre des Princes; il organisa les convois, qu'il escortait le plus souvent, destinés à ravitailler Port-Royal de Paris; ceci n'est rien encore. Dès 1660, les solitaires durent quitter Port-Royal; Pascal mort, le 19 août 1662, les persécutions redoublèrent. L'archevêque de Paris, Hardouin de Péréfixe, dont relevait canoniquement le monastère, et qui, en 1661, avait déjà donné l'ordre au couvent de Paris de renvoyer pensionnaires, novices et postulantes, menaçait maintenant d'expulser les religieuses elles-mêmes. Les amis de Port-Royal s'émurent et décidèrent de tenter une démarche auprès de l'archevêque. Qui choisirent-ils pour cette mission difficile et délicate? Le journal de M. Des Lions, à la date du 3 juillet 1663, porte la mention suivante : « Il [l'archevêque de Paris] devoit être vu et tâté par un nommé M. de La Petitière, qui est son ami, homme d'épée, et grand ami de M. de Saint-Cyran. »

La Petitière ne put rien obtenir du prélat; l'année 1664 vit la dispersion des religieuses, qui ne revinrent à Port-Royal qu'en 1665, après la signature du *Formulaire*, lors de ce qu'on appela la *Paix de l'Église*. Il n'en est pas moins vrai que La Petitière avait été jugé capable de convaincre l'archevêque de la bonne foi de ses frères et sœurs de Port-Royal.

Les quelques mentions que nous ont conservées de lui les mémoires des jansénistes qui le connurent nous le représentent par ailleurs comme un véritable saint. Retiré à Paris, sur la paroisse Saint-Paul, dans le cimetière de laquelle il voulut être enterré, il y continuait son régime de pénitence. « Il se relevoit tous les jours à minuit pour dire matines, et, en un mot, gardoit la règle et l'office de saint Benoît. » Sa charité n'était pas moins édifiante : le *Nécrologe*[1] de

---

1. *Nécrologe de l'abbaye de Notre-Dame de Port-Royal-des-Champs*. Amsterdam, N. Potgieter, 1723, in-4°. On y lit, p. 15, l'article suivant : « Le 5ᵉ janvier 1676 (*lisez* 1679) mourut à Paris André Pizon de Bétoulat, seigneur de la Petitière, chevalier de l'ordre de saint Michel, âgé de soixante-quinze ans. Il a toujours été affectionné à notre monastère, dont il a mérité le titre de bienfaiteur par ses libéralitez. Il a son sépulchre dans le cimetière de Saint-Paul, comme il l'a souhaité avant sa mort. » Il faut lire 1679, comme l'indiquent et le *Supplément au nécrologe*, qui donne une liste chronologique des défunts, et le *Journal manuscrit de Port-Royal*. Le

Port-Royal le qualifie de bienfaiteur de l'abbaye, qu'il avait libéralement dotée; nous savons aussi qu'il avait fait une rente de 1,5oo livres[1] au grand Arnaud, dont l'ardente foi l'avait converti, et sur la tête duquel il avait reporté la filiale affection qu'il nourrissait à l'égard de Saint-Cyran, son premier maître.

Aussi fut-il très estimé et très aimé des âmes d'élite dont il avait partagé les joies austères et les tribulations résignées, et, quand il mourut, le 5 janvier 1679, âgé de soixante-quinze ans, après plus de trente années de pénitence, Port-Royal, alors repeuplé, prit le deuil; on dit pour lui « vêpres et trois nocturnes des morts », et tous, religieuses, novices, postulantes et pensionnaires assistèrent recueillis à la messe funèbre que M. de Saci tint à chanter lui-même[2].

François-L. Bruel.

Petit Nécrologe donne à tort la date de 1672. La Petitière était donc né en 1604.

1. *Journaux de M. Des Lions*, à la date du 10 août 1670.
2. *Journal manuscrit de Port-Royal* à l'année 1679.

Extrait du *Bulletin de la Société de l'Histoire de Paris et de l'Ile-de-France*, tome XXXIII (1906).

Nogent-le-Rotrou, imprimerie Daupeley-Gouverneur.